Todos los libros de Linkgua Ediciones cuentan con modelos de Inteligencia Artificial entrenados por hispanistas. Pregúntale al chat de tu libro lo que desees acerca de la obra o su autor/a.

Para ebooks: Accede a nuestro modelo de IA a través de un enlace.

Para libros impresos: Escanea el código QR de la portada con tu dispositivo móvil.

Obtén análisis detallados de nuestros libros, resúmenes, respuestas a tus preguntas y accede a nuestras ediciones críticas generativas para una experiencia de lectura más enriquecedora.
La transparencia y el respeto hacia la autoría de las fuentes utilizadas son distintivos básicos de nuestro proyecto. Por ello, las respuestas ofrecen, mediante un sistema de citas, las fuentes con las que han sido elaboradas.

Julia de Burgos

Poemas

Barcelona 2025
Linkgua-ediciones.com

Créditos

Título original: Poemas.

e-mail: info@linkgua.com

Diseño de la colección: Michel Mallard.

ISBN rústica ilustrada: 978-84-9953-898-3.
ISBN tapa dura: 978-84-9953-834-1.
ISBN ebook: 978-84-9816-139-7.

Sumario

Brevísima presentación

Julia de Burgos (17 de febrero de 1914-6 de julio de 1953) fue una poetisa y activista puertorriqueña cuya obra es un pilar fundamental de la literatura de Puerto Rico y de la poesía hispanoamericana en general. Nacida en Carolina, Puerto Rico, Burgos se destacó no solo por su lírica apasionada y su sensibilidad poética, sino también por su compromiso con las causas sociales y políticas de su tiempo, especialmente en relación con los derechos de las mujeres y las luchas anticoloniales.

Los poemas de Julia de Burgos ofrecen una mirada íntima a la vida y el espíritu de esta figura trascendental. Con su lenguaje evocador y su aguda introspección, nos sumerge en un universo poético donde confluyen temas como la identidad, el feminismo, el amor y la lucha social. Aunque la naturaleza de la poesía hace que los «personajes» sean más abstractos, en este caso la voz poética de Julia de Burgos misma se convierte en el principal personaje. A través de su poesía, Burgos nos lleva en un viaje a través de sus emociones, su identidad y sus desafíos personales y políticos. Cada poema es una ventana a un aspecto diferente de su vida o su visión del mundo, y juntos forman un retrato multidimensional de la autora.

La poesía de Burgos aborda una amplia variedad de temas, llevando el sello inconfundible de su personalidad apasionada y de su compromiso social. Desde la exploración de la identidad femenina hasta el amor, pasando por la política y la relación con su tierra natal de Puerto Rico, cada poema es una muestra del mundo interior y exterior de Burgos. El tema recurrente del feminismo y la liberación de la mujer es especialmente notable, algo bastante avanzado para su época.

El estilo de Burgos es intenso pero refinado, utilizando un lenguaje que es a la vez accesible y profundamente emotivo. La estructura de sus poemas varía, permitiendo a cada pieza encontrar su propia forma natural. Su uso magistral de imágenes y metáforas convierte cada poema en una pequeña obra de arte en sí misma, rica en significado y en belleza estética.

Julia de Burgos ha dejado una huella indeleble en la literatura hispana y en el mundo de la poesía en general. Sus poemas son estudiados por su calidad literaria, y también son textos fundamentales para comprender el movimiento feminista y las luchas sociales en Puerto Rico y en la diáspora.

Los poemas de Julia de Burgos son obras maestras de la literatura puertorriqueña y latinoamericana. La complejidad de los temas que aborda, junto con la profundidad emocional y la maestría técnica que demuestra, hacen que esta colección sea una lectura obligatoria para cualquier amante de la poesía y para aquellos interesados en los temas de identidad, feminismo y justicia social.

Poemas

Yo misma fui mi ruta

Yo quise ser como los hombres quisieron que yo fuese:
un intento de vida;
un juego al escondite con mi ser.
Pero yo estaba hecha de presentes,
y mis pies planos sobre la tierra promisoria
no resistían caminar hacia atrás,
y seguían adelante, adelante,
burlando las cenizas para alcanzar el beso
de los senderos nuevos.

A cada paso adelantado en mi ruta hacia el frente
rasgaba mis espaldas el aleteo desesperado
de los troncos viejos.

Pero la rama estaba desprendida para siempre,
y a cada nuevo azote la mirada mía
se separaba más y más y más de los lejanos
horizontes aprendidos:
y mi rostro iba tomando la expresión que le venía de
adentro,
la expresión definida que asomaba un sentimiento
de liberación íntima;
un sentimiento que surgía
del equilibrio sostenido entre mi vida
y la verdad del beso de los senderos nuevos.

Ya definido mi rumbo en el presente,
me sentí brote de todos los suelos de la tierra,
de los suelos sin historia,
de los suelos sin porvenir,
del suelo siempre suelo sin orillas

de todos los hombres y de todas las épocas.

Y fui toda en mí como fue en mí la vida...

Yo quise ser como los hombres quisieron que yo fuese:
un intento de vida;
un juego al escondite con mi ser.
Pero yo estaba hecha de presentes;
cuando ya los heraldos me anunciaban
en el regio desfile de los troncos viejos,
se me torció el deseo de seguir a los hombres,
y el homenaje se quedó esperándome.

Momentos

Yo, fatalista,

Mirando la vida llegándose y alejándose

De mis semejantes.

Yo, dentro de mí misma,
Siempre en espera de algo
Que no acierta mi mente.

Yo, múltiple,
Como en contradicción,
Atada a un sentimiento sin orillas
Que me une y me desune,
Alternativamente,
Al mundo.

Yo, universal,
Bebiéndome la vida
En cada estrella desorbitada,
En cada grito estéril,
En cada sentimiento sin orillas.

¿Y todo para qué?
—Para seguir siendo la misma.

Nada

Como la vida es nada en tu filosofía,
brindemos por el cierto no ser de nuestros cuerpos.

Brindemos por la nada de tus sensuales labios
que son ceros sensuales en tus azules besos;
como todo azul, quimérica mentira
de los blandos océanos y de los blancos cielos.

Brindemos por la nada del material reclamo
que se hunde y se levanta en tu carnal deseo;
como todo lo carne, relámpago, chispazo,
en la verdad mentira sin fin del Universo.

Brindemos por la nada, bien nada de tu alma,
que corre su mentira en un potro sin freno;
como todo lo nada, buen nada, ni siquiera
se asoma de repente en un breve destello.

Brindemos por nosotros, por ellos, por ninguno;
por esta siempre nada de nuestros nunca cuerpos;
por todos, por los menos; por tantos y tan nada;
por esas sombras huecas de vivos que son muertos.

Si del no ser venimos y hacia el no ser marchamos,
nada entre nada y nada, cero entre cero y cero,
y si entre nada y nada no puede existir nada,
brindemos por el bello no ser de nuestros cuerpos.

Ay ay ay de la grifa negra

Ay ay ay, que soy grifa y pura negra;
grifería en mi pelo, cafrería en mis labios;
y mi chata nariz mozambiquea.

Negra de intacto tinte, lloro y río
la vibración de ser estatua negra;
de ser trozo de noche,
en que mis blancos dientes relampaguean;
y ser negro bejuco
que a lo negro se enreda
y comba el negro nido
en que el cuervo se acuesta.
Negro trozo de negro en que me esculpo,
ay ay ay, que mi estatua es toda negra.

Dícenme que mi abuelo fue el esclavo
por quien el amo dio treinta monedas.
Ay ay ay, que el esclavo fue mi abuelo
es mi pena, es mi pena.
Si hubiera sido el amo,
sería mi vergüenza;
que en los hombres, igual que en las naciones,
si el ser el siervo es no tener derechos,
el ser el amo es no tener conciencia.

Ay ay ay, los pecados del rey blanco
lávelos en perdón la reina negra.
Ay ay ay, que la raza se me fuga
y hacia la raza blanca zumba y vuela
hundirse en su agua clara;
tal vez si la blanca se ensombrará en la negra.

Ay ay ay, que mi negra raza huye
y con la blanca corre a ser trigueña;
¡a ser la del futuro,
fraternidad de América!

Te quiero

Te quiero...
y me mueves el tiempo de mi vida sin horas.

Te quiero
en los arroyos pálidos que viajan en la noche,
y no termina nunca de conducir estrellas a la mar.

Te quiero
en aquella mañana desprendida del vuelo de los siglos
que huyó su nave blanca hasta el agua sin ondas
donde nadaban tristes, tu voz y mi canción.

Te quiero
en el dolor sin llanto que tanta noche ha recogido el sueño
en le cielo invertido en mis pupilas para mirarte cósmica,
en la voz socavada de mi ruido de siglos derrumbándose.

Te quiero
(grito de noche blanca...)
en el insomnio reflexivo
de donde ha vuelto en pájaros mi espíritu.

Te quiero...
Mi amor se escapa leve de expresiones y rutas,
y va rompiendo sombras y alcanzando tu imagen
desde el punto inocente donde soy yerba y trino.

El mar y tú

La carrera del mar sobre mi puerta
es sensación azul entre mis dedos,
y tu salto impetuoso por mi espíritu
es no menos azul, me nace eterno.

Todo el color de aurora despertada
el mar y tú lo nadan a mi encuentro,
y en locura de amarme hasta el naufragio
van rompiendo los puertos y los remos.

¡Si tuviera yo un barco de gaviotas,
para solo un instante detenerlos,
y gritarle mi voz a que se batan
en un sencillo duelo de misterio!

Que uno en el otro encuentren su voz propia,
que entrelacen sus sueños en el viento,
que se ciñan estrellas en los ojos
para que den, unidos, sus destellos.

Que sea un duelo de música en el aire
las magnolias abiertas de sus besos,
que las olas se vistan de pasiones
y la pasión se vista de veleros.

Todo el color de aurora despertada
el mar y tú lo estiren en un sueño
que se lleve mi barco de gaviotas
y me deje en el agua de dos cielos.

Te seguiré callada

Te seguiré por siempre, callada y fugitiva,
por entre oscuras calles molidas de nostalgia,
o sobre las estrellas sonreídas de ritmos
donde mecen su historia tus más hondas miradas.

Mis pasos desatados de rumbos y fronteras
no encuentran las orillas que a tu vida se enlazan.
Busca lo ilimitado mi amor, y mis canciones
de espalda a los estático, irrumpen en tu alma.

Apacible de anhelos, cuando el mundo te lleve,
me doblaré el instinto y amaré tus pisadas;
y serán hojas simples las que iré deshilando
entre quietos recuerdos, con tu forma lejana.

Atenta a lo infinito que en mi vida ya asoma,
con la emoción en alto y la ambición sellada,
te seguiré por siempre, callada y fugitiva,
por entre oscuras calles, o sobre estrellas blancas.

Dadme mi número

¿Qué es lo que esperan? ¿No me llaman?
¿Me han olvidado entre las yerbas,
mis camaradas más sencillos,
todos los muertos de la tierra?

¿Por qué no suenan sus campanas?
Ya para el salto estoy dispuesta.
¿Acaso quieren más cadáveres
de sueños muertos de inocencia?

¿Acaso quieren más escombros
de más goteadas primaveras,
más ojos secos en las nubes,
más rostro herido en las tormentas?

¿Quieren el féretro del viento
agazapado entre mis greñas?
¿Quieren el ansia del arroyo,
muerta en mi muerte de poeta?

¿Quieren el Sol desmantelado,
ya consumido en mis arterias?
¿Quieren la sombra de mi sombra,
donde no quede ni una estrella?

Casi no puedo con el mundo
que azota entero mi conciencia?

¡Dádme mi número! No quiero
que hasta el amor se me desprenda?
(Unido sueño que me sigue

como a mis pasos va la huella.)

¡Dádme mi número, porque si no,
me moriré después de muerta!

Canción amarga

Nada turba mi ser, pero estoy triste.
Algo lento de sombra me golpea,
aunque casi detrás de esta agonía,
he tenido en mi mano las estrellas.

Debe ser la caricia de lo inútil,
la tristeza sin fin de ser poeta,
de cantar y cantar, sin que se rompa
la tragedia sin par de la existencia.

Ser y no querer ser? esa es la divisa,
la batalla que agota toda espera,
encontrarse, ya el alma moribunda,
que en el mísero cuerpo aún quedan fuerzas.

¡Perdóname, oh amor, si no te nombro!
Fuera de tu canción soy ala seca.
La muerte y yo dormimos juntamente?
Cantarte a ti, tan solo, me despierta.

Amor

Amor...
única llama que me queda de Dios
en el sendero cierto de lo incierto.

Aquí,
desesperada,
me contemplo la vida en un hueco del tiempo.

Entrecortando pasa el sendero de luz
que esperancé de sueño.

¡Oh mañanas azules que se quedaron muertas,
volando en el espacio!

¡Oh anudada caricia que amaneces dispersa,
cuando despierta el cuerpo!

¡Oh querer desterrarme de mis pasos turbados...!
¡Multiplican en ecos!

Aquí, junto al continuo gravitar de la nada,
¡cómo asaltan mi espíritu los silencios más yermos!

Mi esperanza es un viaje flotando entre sí misma...
Es una sombra vaga sin ancla y sin regreso.

Mis espigas no quieren germinar al futuro.
¡Oh el peso del ambiente!
¡Oh el peso del destierro!

¡Amor...!

Hasta la leve ronda de tu voz perturbada,
me partió la ola blanca que quedaba en mi pecho.

Río Grande de Loíza

¡Río Grande de Loíza!... Alárgate en mi espíritu
y deja que mi alma se pierda en tus riachuelos,
para buscar la fuente que te robó de niño
y en un ímpetu loco te devolvió al sendero.

Enróscate en mis labios y deja que te beba,
para sentirte mío por un breve momento,
y esconderte del mundo, y en ti mismo esconderte,
y oír voces de asombro, en la boca del viento.

Apéate un instante del lomo de la tierra,
y busca de mis ansias el íntimo secreto;
confúndeme en el vuelo de mi ave fantasía,
y déjame una rosa de agua en mis ensueños.

¡Río Grande de Loíza!.. Mi manantial, mi río,
desde que alzóse al mundo el pétalo materno;
contigo se bajaron desde las rudas cuestas
a buscar nuevos surcos, mis pálidos anhelos;
y mi niñez fue toda un poema en el río,
y un río en el poema de mis primeros sueños.

Llegó la adolescencia. Me sorprendió la vida
prendida en lo más ancho de tu viajar eterno;
y fui tuya mil veces, y en un bello romance
me despertaste el alma y me besaste el cuerpo.

¿Adónde te llevaste las aguas que bañaron
mis formas, en espiga del Sol recién abierto?
¡Quién sabe en qué remoto país mediterráneo
algún fauno en la playa me estará poseyendo!

¡Quién sabe en qué aguacero de qué tierra lejana
me estaré derramando para abrir surcos nuevos;
o si acaso, cansada de morder corazones,
me estaré congelando en cristales de hielo!

¡Río Grande de Loíza! Azul, Moreno, Rojo.
Espejo azul, caído pedazo azul del cielo;
desnuda carne blanca que se te vuelve negra
cada vez que la noche se te mete en el lecho;
roja franja de sangre, cuando baja la lluvia
a torrentes su barro te vomitan los cerros.

Río hombre, pero hombre con pureza de río,
porque das tu azul alma cuando das tu azul beso.
Muy señor río mío. Río hombre. Único hombre
que ha besado en mi alma al besar en mi cuerpo.

¡Río Grande de Loíza!... Río grande. Llanto grande.
El más grande de todos nuestros llantos isleños,
si no fuera más grande el que de mi se sale
por los ojos del alma para mi esclavo pueblo.

Noche de amor en tres cantos

I. Ocaso

¡Cómo suena en mi alma la idea
de una noche completa en tus brazos
diluyéndome toda en caricias
mientras tú te me das extasiado!

¡Qué infinito el temblor de miradas
que vendrá en la emoción del abrazo,
y qué tierno el coloquio de besos
que tendré estremecida en tus labios!

¡Cómo sueño las horas azules
que me esperan tendida a tu lado,
sin más luz que la luz de tus ojos,
sin más lecho que aquel de tu brazo!

¡Cómo siento mi amor floreciendo
en la mística voz de tu canto:
notas tristes y alegres y hondas
que unirán mi emoción a tu rapto!

¡Oh la noche regada de estrellas
que enviará desde todos sus astros
la más pura armonía de reflejos
como ofrenda nupcial a mi tálamo!

II. Media noche

Se ha callado la idea turbadora
y me siento en el sí de tu abrazo,
convertida en un sordo murmullo
que se interna en mi alma cantando.

Es la noche una cinta de estrellas
que una a una a mi lecho han rodado;
y es mi vida algo así como un soplo
ensartado de impulsos paganos.

Mis pequeñas palomas se salen
de su nido de anhelos extraños
y caminan su forma tangible
hacia el cielo ideal de sus manos.

Un temblor indeciso de trópico
nos penetra la alcoba. ¡Entre tanto,
se han besado tu vida y mi vida...
y las almas se van acercando!

¡Cómo siento que estoy en tu carne
cual espiga a la sombra del astro!
¡Cómo siento que llego a tu alma
y que allá tú me estás esperando!

Se han unido, mi amor, se han unido
nuestras risas más blancas que el blanco,
y ¡oh milagro! en la luz de una lágrima
se han besado tu llanto y mi llanto...

¡Cómo mueren las últimas millas
que me ataban al tren del pasado!
¡Qué frescura me mueve a quedarme

en el alba que tú me has brindado!

III. Alba

¡Oh la noche regada de estrellas
que envió desde todos sus astros
la más pura armonía de reflejos
como ofrenda nupcial a mi tálamo!

¡Cómo suena en mi alma la clara
vibración pasional de mi amado,
que se abrió todo en surcos inmensos
donde anduve mi amor, de su brazo!

La ternura de todos los surcos
se ha quedado enredada en mis pasos,
y los dulces instantes vividos
siguen, tenues, en mi alma soñando...

La emoción que brotó de su vida
—que fue en mi manantial desbordado—
ha tomado la ruta del alba
y ahora vuela por todos los prados.

Ya la noche se fue; queda el velo
que al recuerdo se enlaza, apretado,
y nos mira en estrellas dormidas
desde el cielo en nosotros rondando...

Ya la noche se fue; y las nuevas
emociones del alba se han atado.
Todo sabe a canciones y a frutos,

y hay un niño de amor en mi mano.

Se ha quedado tu vida en mi vida
como el alba se queda en los campos;
y hay mil pájaros vivos en mi alma
de esta noche de amor en tres cantos...

Viaje alado

Hoy me acerco a tu alma
con las manos amarillas de pájaros.
La mirada corriendo por el cielo,
y una leve llovizna entre mis labios.

Saltando claridades
he recogido el Sol en los tejados,
y una nube ligera que pasaba
me prestó sus sandalias de aire blando.

La tierra se ha colgado a mis sandalias
y es un tren de emoción hasta tus brazos,
donde las rosas sin querer se fueron
unidas a la ruta de mi canto.

La tragedia del mundo
de mi senda de amor se ha separado,
y hay un aire muy suave en cada estrella
removiéndome el polvo de los años.

Hasta mi cara en vuelo
las cortinas del mar se me treparon,
y mis ojos se unieron a los ojos
de todas las pupilas del espacio.

Anudando emociones
sorprendí una sonrisa entre mis manos
caída desde el pájaro más vivo
que se asomó a mirar mi viaje alado.

Por encima del ruido de los hombres

una larga ilusión se fue rodando,
y dio a inclinar la sombra de mi mente
en el rayo de luz de tu regazo.

Como corola al viento,
todo el cosmos abrióseme a mi paso,
y se quedó en el pétalo más rosa
de esta flor de ilusión que hasta ti alargo...

Canción desnuda

Despierta de caricias,
aún siento por mi cuerpo corriéndome tu abrazo.
Estremecida y tenue sigo andando en tu imagen.
¡Fue tan hondo de instintos mi sencillo reclamo!

De mi se huyeron horas de voluntad robusta,
y humilde de razones, mi sensación dejaron.
Yo no supe de edades ni reflexiones yertas.
¡Yo fui la Vida, amado!
La vida que pasaba por el canto del ave
y la arteria del árbol.

Otras notas más suaves pude haber descorrido,
pero mi anhelo fértil no conocía de atajos:
me agarré a la hora loca,
y mis hojas silvestres sobre ti se doblaron.

Me solté a la pureza de un amor sin ropajes
que cargaba mi vida de lo irreal a lo humano,
y hube de verme toda en un grito de lágrimas,
¡en recuerdo de pájaros!

Yo no supe guardarme de invencibles corrientes
¡Yo fui la Vida, amado!
La vida que en ti mismo descarriaba su rumbo
para darse a mis brazos.

Yo fui la más callada

Yo fui la más callada
de todas las que hicieron el viaje hasta tu puerto.

No me anunciaron lúbricas ceremonias sociales,
ni las sordas campanas de ancestrales reflejos;
mi ruta era la música salvaje de los pájaros
que soltaba a los aires mi bondad en revuelo.

No me cargaron buques pesados de opulencia,
ni alfombras orientales apoyaron mi cuerpo;
encima de los buques mi rostro aparecía
silbando en la redonda sencillez de los vientos.

No pesé la armonía de ambiciones triviales
que prometía tu mano colmada de destellos:
solo pesé en el suelo de mi espíritu ágil
el trágico abandono que ocultaba tu gesto.

Tu dualidad perenne la marcó mi sed ávida.
Te parecías al mar, resonante y discreto.
Sobre ti fui pasando mis horarios perdidos.
Sobre mi tú seguiste como el Sol en los pétalos.

Y caminé en la brisa de tu dolor caído
con la tristeza ingenua de saberme en lo cierto:
tu vida era un profundo batir de inquietas fuentes
en inmenso río blanco corriendo hacia el desierto.

El rival de mi río

Yo te fui contemplando desde la carne al alma,
y me sentí culpable de un extraño delito
que me subía a los ojos en chispeantes miradas,
y se rompía en mi rostro en rubor infinito.

De pronto fue tornándose en pájaro mi boca,
y un sentimiento cósmico inundó mis sentidos;
me escondí en el secreto que estalló en tus pupilas,
y adiviné en tu rostro al rival de mi río.

¡Río Grande de Loíza!... Alárgate en su vida.
¡Río Grande de Loíza!... Alárgate en su espíritu,
a ver si te descubres en la flor de su alma,
o en el Sol de sus ojos te contemplas tu mismo.

Él tiene en sus caricias el gesto de tu abrazo,
y en sus palabras cuelgan rumores parecidos
al lenguaje que llevas en tu boca de agua
desde el más quieto charco al más agreste risco.

Tú me besaste un día despertándome el alma;
él también me ha besado con un beso tan límpido,
que no se allá en mi espíritu si posar extasiada
en el beso del hombre o en el beso del río.

¡Quién sabe si al vestirme con mi traje de carne,
y al sentirte enroscado a mi anhelo más intimo,
surgiste a mi presencia en el río de sus ojos,
para entregarte, humano, y sentirte más mío!

¡Quién sabe si al bajarte del lomo de la tierra

para besarme toda en un loco delirio,
te humanizaste en su alma, y brotaste en corrientes
que una a una en mi tierra de emoción hizo nido!

¡Oh rival de mi río!... ¿De dónde me llegaste?
¿En algún país remoto te bañaste conmigo
mientras en otra playa, con alguna doncella
se entregaba en amores mi voluptuoso río?

¿Me sorprendiste acaso en algún aguacero
violando claridades y callando suspiros,
portavoz ambulante de una raza de agua
que me subió a las venas en un beso del río?

¡Río Grande de Loíza!... Yo lo fui contemplando
desde la carne al alma: ese fue mi delito.
Un sentimiento cósmico estremeció mi vida,
y me llegó el amor... tu rival presentido.

El hombre y mi alma

¡Qué caricia larga de acción me sube por las venas
anchas de recorrerme!

Me veo inmóvil de carne esperando la lucha
entre el hombre y mi alma,
y me siento invencible,
porque mi ahora es fuerte columna de avanzada
en la aurora que apunta,
es grito de corazón vacío en la nave del mundo,
es esfuerzo de ola tendido en playa firme
para arrasar calumnias de las conciencias rotas.

Entre el hombre y mi alma
se ha cruzado la espada...
(La mente es una intérprete que traduce la fuerza
en ideas que avanzan.)

De mi lado se bate la conciencia del hombre
en un Sol de principios sobre el soy de las almas.

En la mano del hombre se defiende la hueca
escultura de normas sobre el tiempo moldeada.

Ha sonado la lucha...
Y me siento intocada...
Estoy sobre los siglos con fiereza de olas...
¡Nadie palpe la sombra que mi impulso ahuyentara!

Canción de mi sombra minúscula

A veces la vida me quiere estallar en canciones
de angustia inesperada!

Yo quisiera quedarme en el secreto de mis penas
punzantes como estrellas,
pero mi alma no puede alcanzar el silencio
del poema sin palabras,
y salta por mis labios hecha polvo de vibraciones íntimas.

Hay una sola puerta abierta en el camino a donde va mi vida
desconocida de sonrisas.
Me echo a buscar su rastro,
como si el cosmos se hubiese concentrado en su energía
y hasta ella fuese mi emoción hecha pedazos
de mariposas destrozadas.

Mi emoción rueda ahora por una de esas islas salvajes
de dolor.
Me he sentido llegar allí donde se mueren
las canciones felices,
y el dolor se da cita con la pintura transparente del cielo.

Me duele aquella rosa prematura que se cayó en mis ojos
herida por los pétalos rosados;
y la última mirada de una novia del aire
que se murió de castidad al sentirse de carne
para el beso del hombre.

Sangra en el dolor del atardecer caído en mis espaldas
la pena del crepúsculo que no volverá a enamorar

la margarita pálida del bosque.

Solloza de misterio en mi vuelo de nube
una gota de lagrima que se subió al espacio
llevada por una espiga de rocío.

Todo el dolor que rueda en el instante abandonado
viene a danzar su ritmo en mi carne atormentada
de ansiedad cósmica.

Y la emoción me estalla en canciones inútiles,
dentro de este espejismo de grandeza
de donde parte,
minúscula,
mi sombra...

Proa de mi velero de ansiedad

¡Si fuera todo mar,
para nunca salirme de tu senda!

¡Si Dios me hiciera viento,
para siempre encontrarme por tus velas!

¡Si el universo acelerara el paso,
para romper los ecos de esta ausencia!

Cuando regreses, rodará en mi rostro
la enternecida claridad que sueñas.
Para mirarte, amado,
en mis ojos hay público de estrellas.

Cuando me tomes, trémulo,
habrá lirios naciendo por mi tierra,
y algún niño dormido de caricia
en cada nido azul que te detenga.

Nuestras almas, como ávidas gaviotas,
se tenderán al viento de la entrega,
y yo, fuente de olas, te haré cósmico...
¡Hay tanto mar nadando en mis estrellas!

Recogeremos albas infinitas,
las que duermen al astro en la palmera,
las que prenden el trino en las alondras
y levantan el sueño de las selvas.

En cada alba desharemos juntos
este poema exaltado de la espera,

y detendremos de emoción al mundo
al regalo nupcial de auroras nuestras.

No hay abandono

Se ha muerto la tiniebla en mis pupilas,
desde que hallé tu corazón
en la ventana de mi rostro enfermo.

¡Oh pájaro de amor,
que trinas hondo, como un clarín total y solitario
en la voz de mi pecho!
No hay abandono...
ni habrá miedo jamás en mi sonrisa.

¡Oh pájaro de amor,
que vas nadando cielo en mi tristeza...!
Más allá de tus ojos
mis crepúsculos sueñan bañarse en tus luces...

¿Es azul el misterio?

Asomada en mi misma contemplo mi rescate,
que me vuelve a la vida en tu destello...

Casi alba

Casi alba,
como decir arroyo entre la fuente,
como decir estrella,
como decir paloma en cielo de alas.

Esta noche se ha ido
casi aurora, casi ronda de Luna entre montañas,
como una sensación de golondrina
al picar su ilusión en una rama.

Amanecer, sin alas para huirse,
regreso de emoción hasta su alma,
palomitas de amor entre mis manos
que al asalto de amor subieron castas.

Noche rasgada al tiempo repetido,
detenida ciudad de esencias altas,
como una claridad rompes mi espíritu,
circundas mi emoción como una jaula.

Amor callado y lejos...
tímida vocecita de una dalia,
así te quiero, íntimo,
sin saberte las puertas al mañana,
casi sonrisa abierta entre las risas,
entre juego de luces, casi alba...

Donde comienzas tú

Soy ola de abandono,
derribada, tendida,
sobre un inmenso azul de sueños y de alas.

Tú danzas por el agua redonda de mis ojos
con la canción más fresca colgando de tus labios.
¡No la sueltes, que el viento todavía azota fuerte
por mis brazos mojados,
y no quiero perderte ni en la sílaba!

Yo fui un día la gaviota más ave de tu vida.
(Mis pasos fueron siempre enigma de los pájaros.)

Yo fui un día la más honda de tus edades íntimas
(El universo entero cruzaba por mis manos.)

¡Oh día de sueño y ola...!
Nuestras dos juventudes hacia el viento estallaron.

Y pasó la mañana,
y pasó la agonía de la tarde muriéndose en el fondo de un
lirio,
y pasó la alba noche resbalando en los astros,
y pasó la extasiada juventud de la aurora
exhibiéndose en pétalos
y paso mi letargo...

Recuerdo que al mirarme con la voz derrotada,
las dos manos del cielo me cerraron los párpados.

Fue tan solo una ráfaga,

una ráfaga húmeda que corto mi sonrisa
me izó en los crepúsculos entre caras de espanto.

Tú nadabas mis olas retardadas e inútiles,
por poco me parto de dolor esperando...

Pero llegaste, fértil,
más intacto y más blanco.
me llevaste, épico,
venciéndote en ti mismo los caminos cerrados.

Hoy anda mi caricia
derribada, tendida,
sobre un inmenso azul de sueños con mañana.

Soy ola de abandono,
tus playas ya saltan certeras, por mis lágrimas.

¡Amante, la ternura desgaja mis sentidos...
o misma soy un sueño remando por tus aguas!

Velas sobre un recuerdo

Todo estático,
menos la sangre mía, y la voz mía,
y el recuerdo volando.

Todo el lecho es un cántico de fuego
echando a andar las ondas del reclamo.
La misma pared siente
que ha bajado a llamarte entre mis labios.

¡Qué grandioso el silencio de mis dedos
cuando toman el verso de los astros,
que se cuelan en rápidas guirnaldas
para esculpirte en luces por mis brazos!

Va gritando tu nombre entre mis ojos,
el mismo mar inquieto y constelado.
Las olas más infantes te pronuncian,
al girar por mis párpados mojados.

Todo es ágil ternura por mi lecho,
entre cielos y ecos conturbados.
Con tu sendero vivo en mi flor íntima,
he movido lo estático....

Es un algo de sombra

Como si entre mis pasos se paseara la muerte
desde el cielo me miran consternados los astros.

Algo esconde paisajes a mis ojos de sueño.
Algo llueve en mi rostro las corolas del llanto.

Algo flota en mi espíritu por encima de tu alma,
algo grave y doliente que destroza mis párpados.

¿Definirlo? Las rosas de mi amor se conmueven,
y no encuentran la nota de la pena en sus labios.

La palabra no puede con mi carga de angustia,
y no cabe en mi verso mi dolor exaltado.

Es un algo de sombra desnutriendo mi vuelo,
un temor de ser poca a la sed de tus brazos,

de perderte una noche desde todas mis alas,
sin un surco en la frente ni un adiós en las manos.

¡Oh la sed infinita de estrecharte y asirte,
de escuchar que en tu vida soy montaña y soy llano,

que si agreste, sintieras un anhelo de selva,
bastaríante los riscos que contienen mis pasos,

que si a tus velas frágiles las destrozara el viento
detendrías tu naufragio en mis lirios mojados,

y si aún fuese la tierra poca senda a tus ansias,

en mi verso de espumas hallarías tu barco!

¡Oh la sed infinita! ¡Oh el temor de perderte!
¡Oh mis ojos, cubridme, rescatadme del llanto!

¡Contempladlo! En sus labios mis sonrisas se baten,
y aún habita en su rostro mi recuerdo más casto.

Ved la huella de estrellas que le enciende la frente,
son las mismas, las mutuas estrellitas de antaño.

¡Perseguidlo! Aún es mío, aún las notas unidas
de su voz y mi poema aletean el espacio.

Aún recorre las nubes recogiendo mis lágrimas,
por quitarle a mi río la ilusión de mi llanto.

Aún se duerme en la noche sobre todas mis risas,
constelando su sueño con mis trinos cerrados.

¡Oh mis ojos! Cerradle los caminos inciertos,
que en las rutas perdidas lo conduzcan mis pájaros.

Entretanto, la ola

Las sombras se han echado a dormir sobre mi soledad.

Mis cielos,
víctimas de invasoras constelaciones ebrias,
se han desterrado al suelo como en bandadas muertas
de pájaros cansados.

Mis puertos inocentes se van segando al mar,
y ni un barco ni un río me carga la distancia.

Sola, desenfrenada en tierra de sombra y de silencio.
Sola,
partiéndome las manos con el deseo marchito de edificar
palomas con mis últimas alas.

Sola,
entre mis calles húmedas,
donde las ruinas corren como muertos turbados.

Soy agotada y turbia espiga de abandono.
Soy desolada y lloro...

¡Oh este sentirse el alma más eco que canción!
¡Oh el temblor espumado del sueño a media aurora
¡Oh inútilmente larga la soledad siguiendo mi camino sin
Sol!

Entretanto, la ola,
amontonando ruidos sobre mi corazón.
Mi corazón no sabe de playa sin naufragios.
Mi corazón no tiene casi ya corazón.

Todo lo ha dado, todo...
Es gesto casi exacto a la entrega de Dios.

Entretanto, la ola...
Todo el musgo del tiempo corrompido en un éxtasis
de tormenta y de azote sobre mi ancho dolor.
Tronchadas margaritas soltando sus cadáveres
por la senda partida donde muero sin flor.
Pechos míos con lutos de emoción, aves naufragas
arrojadas del cielo, mutiladas, sin voz.

Todo el mundo en mi rostro,
y yo arrastrada y sola,
matándome yo misma la última ilusión.

Soy derrotada...
Alba tanto distante,
que hasta mi propia sombra con su sombra se ahuyenta.

Soy diluvio de duelos,
toda un atormentado desenfreno de lluvia,
un lento agonizar entre espadas perpetuas.
¡Oh intemperie de mi alma!
¡En qué ola sin nombre callaré tu poema!

Ya no es mío mi amor

Si mi amor es así, como un torrente,
como un río crecido en plena tempestad,
como un lirio prendiendo raíces en el viento,
como una lluvia íntima,
sin nubes y sin mar...

Si mi amor es de agua,
¿por qué a rumbos inmóviles lo pretenden atar?

Si mi amor rompe suelos,
disuelve la distancia como la claridad,
ataja mariposas al igual que luceros,
y cabalga horizontes como cruza un rosal...

Si el universo es átomo siguiéndome las alas,
¿por qué medirme el trino cuando rompe a cantar?

Si mi amor ya no es mío,
es yo misma borrando las riberas del mar,
yo inevitablemente y fatalmente mía,
germinándome el alma en mis albas de paz...

Si mi amor ya no roza fronteras con mi espíritu,
¿qué canción sin su vida puede ser en mi faz?

¡Si mi amor ya no es mío!
Es tonada de espumas en los labios del mar...

Dadme mi número

¿Qué es lo que esperan? ¿No me llaman?
¿Me han olvidado entre las yerbas,
mis camaradas más sencillos,
todos los muertos de la tierra?

¿Por qué no suenan sus campanas?
Ya para el salto estoy dispuesta.
¿Acaso quieren más cadáveres
de sueños muertos de inocencia?

¿Acaso quieren más escombros
de más goteadas primaveras,
más ojos secos en las nubes,
más rostro herido en las tormentas?

¿Quieren el féretro del viento
agazapado entre mis greñas?
¿Quieren el ansia del arroyo,
muerta en mi mente de poeta?

¿Quieren el Sol desmantelado,
ya consumido en mis arterias?
¿Quieren la sombra de mi sombra,
donde no quede ni una estrella?

Casi no puedo con el mundo
que azota entero mi conciencia...

¡Dadme mi número! No quiero
que hasta el amor se me desprenda...
(Unido sueño que me sigue

como a mis pasos va la huella.)

¡Dadme mi número, porque si no,
me moriré después de muerta!

¡Oh lentitud del mar!

He tenido que dar, multiplicarme,
despedazarme en órbitas complejas...
Aquí en la intimidad, conmigo misma,
¡qué sencillez me rompe la conciencia!

Para salvarme el mundo del espíritu,
he tenido que armar mis manos quietas,
¡cómo anhelo la paz, la hora sin ruido,
cuando nada conturbe mi existencia!

Tódo sonar se ha muerto en mis pupilas,
a mis ojos no inquietan las estrellas,
los caminos son libres de mi rumbo,
y hasta el nombre del mar, sorda me deja.

¡Y aún me piden canciones por palabras,
no conciben mi pulso sin poemas,
en mi andar buscan, trémulos, los astros,
como si yo no fuese por la tierra!

¡Oh lentitud del mar! ¡Oh el paso breve
con que la muerte avanza a mi ala muerta!
¿Cómo haría yo para salvarte el tiempo?
¿Qué me queda del mundo? ¿Que me queda...?

¡Oh mar, no esperes mas!

Tengo caído el sueño
y la voz suspendida de mariposas muertas.
El corazón me sube amontonado y solo
a derrotar auroras en mis párpados.

Perdida va mi risa
por la ciudad del viento más triste y devastada.
Mi sed camina en ríos agotados y turbios,
rota y despedazándose.

Amapolas de luz,
mis manos fueron fértiles tentaciones
de incendio.
Hoy, cenizas me tumban para el nido distante.

¡Oh mar, no esperes más!
Casi voy por la vida como gruta de escombros.
Ya ni el mismo silencio se detiene en mi nombre.
Inútilmente estiro mi camino sin luces.
Como muertos sin sitio se sublevan mis voces.

¡Oh mar, no esperes más!
Déjame amar tus brazos con la misma agonía
con que un día nací.
Dame tu pecho azul,
y seremos por siempre el corazón del llanto...

Te llevarán

Para ese día de sombra que llegará, amor mío,
no risco volcado dentro de un manantial,
ese día de espanto y pañuelos al viento
catemos desde ahora, que la vida se va.

Cantemos, sí, cantemos, que al cantarle al silencio,
a la sorda derrota y a la impar soledad,
venceremos la muerte, venceremos la nada,
y a la cumbre del tiempo nuestras almas irán.

Cantemos, si, cantemos, que hay un solo minuto
uno solo aguardando nuestro mundo cruzar:
ese minuto trágico que hace tiempo nos ronda
su oferta de lágrimas y mañanas sin paz.

¡Te llevarán! Los ecos del viento me lo dicen,
los labios del mar lloran que sí. ¡Te llevarán!
Partirás, y mis ojos que tanto te nutrieron,
bajarán quedamente a nutrir a la mar.

Podrás amarme en sueños, pero mi voz, mi risa,
ojos con riachuelos, de ti se ocultarán.
Puede estrecharte el eco que ha estrechado mi nombre
desde mis labios, ¡nunca mis labios besarás!

Y cuando se alce el ruido marino, entre las noches
apagadas y crueles de tu pena inmortal,
mi fiel camino de olas llevará hasta tu sueño
la ternura que mi alma te ha salvado del mar.

Amado, mis verdugos ya me han medido el paso,

el color de mis huellas conocen, y mi ajuar:
el pudor duerme nupcias eternas con la forma;
hacia el alma es muy largo el camino que andar.

¡Te llevarán! Para esa eternidad de llanto
cantemos desde ahora que la vida se va.
Para ese día de espanto y pañuelos al viento
la canción de la muerte nos llegara del mar.

A Julia de Burgos

Ya las gentes murmuran que yo soy tu enemiga
porque dicen que en verso doy al mundo tu yo.

Mienten, Julia de Burgos. Mienten, Julia de Burgos.
La que se alza en mis versos no es tu voz: es mi voz
porque tú eres ropaje y la esencia soy yo; y el más
profundo abismo se tiende entre las dos.

Tú eres fría muñeca de mentira social,
y yo, viril destello de la humana verdad.

Tú, miel de cortesana hipocresías; yo no;
que en todos mis poemas desnudo el corazón.

Tú eres como tu mundo, egoísta;
yo no; que en todo me lo juego a ser lo que soy yo.

Tú eres solo la grave señora señorona; yo no,
yo soy la vida, la fuerza, la mujer.

Tú eres de tu marido, de tu amo; yo no;
yo de nadie, o de todos, porque a todos, a
todos en mi limpio sentir y en mi pensar me doy.

Tú te rizas el pelo y te pintas; yo no;
a mí me riza el viento, a mí me pinta el Sol.

Tú eres dama casera, resignada, sumisa,
atada a los prejuicios de los hombres; yo no;
que yo soy Rocinante corriendo desbocado
olfateando horizontes de justicia de Dios.

Tú en ti misma no mandas;
a ti todos te mandan; en ti mandan tu esposo, tus
padres, tus parientes, el cura, la modista,
el teatro, el casino, el auto,
las alhajas, el banquete, el champán, el cielo
y el infierno, y el que dirán social.

En mí no, que en mí manda mi solo corazón,
mi solo pensamiento; quien manda en mí soy yo.

Tú, flor de aristocracia; y yo, la flor del pueblo.
Tú en ti lo tienes todo y a todos se
lo debes, mientras que yo, mi nada a nadie se la debo.

Tú, clavada al estático dividendo ancestral,
y yo, un uno en la cifra del divisor
social somos el duelo a muerte que se acerca fatal.

Cuando las multitudes corran alborotadas
dejando atrás cenizas de injusticias quemadas,
y cuando con la tea de las siete virtudes,
tras los siete pecados, corran las multitudes,
contra ti, y contra todo lo injusto y lo inhumano,
yo iré en medio de ellas con la tea en la mano.

A José Martí (mensaje)

Yo vengo de la tierna mitad de tu destino;
del sendero amputado al rumbo de tu estrella;
el último destello del resplandor andino,
que se extravió en la sombra, perdido de tu huella.

Yo vengo de una isla que tembló por tu trino,
que izó tu alma más fuerte, tu llamada más bella;
a la que diste sangre, como diste camino
(que al caer por tu Cuba, ya caíste por ella).

Y por ella, la América debe un soplo a tu lumbre;
su tiniebla hace un nudo de dolor en tu cumbre,
recio Dios antillano, pulso eterno, Martí.

Porque tengamos cerca de la muerte, un consuelo,
Puerto Rico, mi patria, te reclama en su suelo,
y por mi voz herida, se conduce hasta ti!

Agua, vida y tierra

Yo fui estallido fuerte de la selva y el río,
y voz entre dos ecos, me levanté en las cuestas.
De un lado me estiraban las manos de las aguas,
y del otro, prendíanme sus raíces las sierras.

Cuando mi río subía su caricia silvestre
en aventuras locas con el rocío y la niebla,
con el mismo amor loco que impulsaba mi sueño,
lejos de sorprenderlo, me hospedaba en las sierras.

Pero si alguna sombra le bajaba a los ojos,
me repetía en sus aguas hasta dar en la arena,
y era mi grito nuevo como un tajo en el monte
que anegaba las calles y golpeaba las puertas.

A veces la montaña se me vestía de flores
e iniciaba en mi talle curvas de primavera.

¡Quién sabe en qué mañana se apretaron mis años
sobre senos y muslos y caderas de piedra!

Se treparon mis ojos al rostro de los árboles
y fueron mariposas sus vivas compañeras:
así es como en los prados voy buscando las flores,
y alas pido en las almas que a mi vida se acercan.

Mis dedos arañaron la fuerza de los riscos,
y juraron ser índices de mis futuras vueltas;

por eso entre los cuerpos doblados de los hombres,
como puntales puros de orientación se elevan.

Yo fui estallido fuerte de la sierra y el río,
y crecí amando el río e imitando la sierra...

¡Una mañana el aire me sorprendió en el llano:
ya mi raíz salvaje se soltaba las riendas!
Pálidas ceremonias saludaron mi vida,
y una fila de voces reclamaron la prenda...

Mis labios continuaron el rumor de las fuentes
donde entrañé mis años y abastecí las venas.
¡De ahí mi voz de ahora, blanca sobre el lenguaje,
se tiende por el mundo como la dio la tierra!

Alba de mi silencio

En ti me he silenciado...
El corazón del mundo
está en tus ojos, que se vuelan
mirándome.

No quiero levantarme de tu frente fecunda
en donde acuesto el sueño de seguirme en tu alma.

Casi me siento niña de amor que llega hasta los pájaros.
Me voy muriendo en mis años de angustia
para quedar en ti
como corola recién en brote al Sol...

No hay una sola brisa que no sepa mi sombra
ni camino que no alargue mi canción hasta el cielo.

¡Canción silenciada de plenitud!
En ti me he silenciado...

La hora más sencilla para amarte es ésta
en que voy por la vida dolida del alba.

Alta mar y gaviota

Por tu vida yo soy...
en tus ojos yo vivo la armonía de lo eterno.
La emoción se me riega,
y se ensancha mi sangre por las venas del mundo.

No doy ecos partidos.
Lo inmutable me sigue
resbalando hasta el fondo de mi propia conciencia.

En ti yo amo las últimas huidas virginales
de las manos del alba,
y armando lo infinito
te quiero entre las puertas humanas que te enlazan.

En ti aquieto las ramas abiertas del espacio,
y renuevo en mi arteria tu sangre con mi sangre.

¡Te multiplicas!
¡Creces!
¡Y amenazas quedarte
con mi prado salvaje!

Eres loca carrera donde avanzan mis pasos,
atentos como albas
al Sol germinativo que llevas en tu impulso.

Por tu vida yo soy
alta mar y gaviota:
en ella vibro
y crezco...

Amanecida

Soy una amanecida del amor...

Raro que no me sigan centenares de pájaros
picoteando canciones sobre mi sombrilla blanca.
(Será que van cercando, en vigilia de nubes,
la claridad inmensa donde avanza mi alma.)

Raro que no me carguen pálidas margaritas
por la ruta amorosa que han tomado mis alas.
(Será que están llorando a su hermana más triste,
que en silencio se ha ido a la hora del alba.)

Raro que no me vista de novia la más leve
de aquellas brisas suaves que durmieron mi infancia.
(Será que entre los árboles va enseñando a mi amado
los surcos inocentes por donde anduve, casta...)

Raro que no me tire su emoción el rocío,
en gotas donde asome risueña la mañana.
(Será que por el surco de angustia del pasado,
con agua generosa mis decepciones baña.)

Soy una amanecida del amor...

En mí cuelgan canciones y racimos de pétalos,
y muchos sueños blancos, y emociones aladas.

Raro que no me entienda el hombre, conturbado
por la mano sencilla que recogió mi alma.
(Será que en él la noche se deshoja más lenta,
o tal vez no comprenda la emoción depurada...)

Armonía de la palabra y el instinto

Todo fue maravilla de armonías
en el gesto inicial que se nos daba
entre impulsos celestes y telúricos
desde el fondo de amor de nuestras almas.

Hasta el aire espigóse en levedades
cuando caí rendida en tu mirada;
y una palabra, aún virgen en mi vida,
me golpeó el corazón, y se hizo llama
en el río de emoción que recibía,
y en la flor de ilusión que te entregaba.

Un connubio de nuevas sensaciones
elevaron en luz mi madrugada.
Suaves olas me alzaron la conciencia
hasta la playa azul de tu mañana,
y la carne fue haciéndose silueta
a la vista de mi alma libertada.

Como un grito integral, suave y profundo
estalló de mis labios la palabra;
Nunca tuvo mi boca mas sonrisas,
ni hubo nunca más vuelo en mi garganta!

En mi suave palabra, enternecida,
me hice toda en tu vida y en tu alma;
y fui grito impensado atravesando
las paredes del tiempo que me ataba;
y fui brote espontáneo del instante;
y fui estrella en tus brazos derramada.

Me di toda, y fundiéndome por siempre

en la armonía sensual que tú me dabas;
y la rosa emotiva que se abría
en el tallo verbal de mi palabra,
uno a uno fue dándote sus pétalos,
mientras nuestros instintos se besaban.

Así, árbol querido y apetecido del dolor

Así, árbol querido y apetecido del dolor,
te busco y te apetezco
solo y gimiéndote,
sombra salida de mi sombra,
tú, para mi gemido,
quizás para mi muerte
tú, amor siempre distante,
tú, corazón destrozado de tanto amarme,
tú, manantial cansado de tanto reposarme en tu sonrisa.

Azul de tierra en ti

Parece mar, el cielo
donde me he recostado a soñarte...

Si vieras mi mirada,
como un ave, cazando horizontes y estrellas.

El universo es mío desde que tú te hiciste
techo de mariposas para mi corazón.

Es tan azul el aire cuando mueves tus alas,
que el vuelo nace eterno en repetida ola sin cansancio.

No sé si en ola o nube abrirme la ternura
para rodarme al sueño donde duermes.

Es tan callado el viento,
que he podido lograrte entre los ecos.

Soy toda claridad para estrecharte...

Te he visto con los ojos vivos
como los ojos abiertos de los bosques,
figurándome en risas y quebradas nadando hasta el océano.

Te he recogido en huellas de canciones marinas
donde una vez dejaste corazones de agua enamorados.

Te he sacado del tiempo...

¡Cómo te he levantado en un lirio de luz
que floreció mi mano al recordarte!

¿Por qué me corre el mar?
Tú eres vivo universo contestándome...

Canción de la verdad sencilla

No es él el que me lleva...
Es mi vida que en su vida palpita.
Es la llamada tibia de mi alma
que se ha ido a cantar entre sus rimas.
Es la inquietud de viaje de mi espíritu
que ha encontrado en su rumbo eterna vía.

Él y yo somos uno.
Uno mismo y por siempre entre las cimas;
manantial abrazando lluvia y tierra;
fundidos en un soplo ola y brisa;
blanca mano enlazando piedra y oro;
hora cósmica uniendo noche y día.

Él y yo somos uno.
Uno mismo y por siempre en las heridas.
Uno mismo y por siempre en la conciencia.
Uno mismo y por siempre en la alegría.

Yo saldré de su pecho a ciertas horas,
cuando él duerma el dolor en sus pupilas,
en cada eco bebiéndome lo eterno,
y en cada alba cargando una sonrisa.

Y seré claridad para sus manos
cuando se vuelquen a trepar los días,
en la lucha sagrada del instinto
por salvarse de ráfagas suicidas.

Si extraviado de senda, por los locos
enjaulados del mundo, fuese un día,

una luz disparada por mi espíritu
le anunciará el retorno hasta mi vida.

No es él el que me lleva...
Es su vida que corre por la mía.

Canción de mi pena dormida

Con los ojos cerrados
amplia de voces íntimas
me detengo en el siglo de mi pena dormida.
La contemplo en su sueño...
Duerme su noche triste
despegada del suelo donde arranca mi vida.
Ya no turba la mansa carrera de mi alma
ni me sube hasta el rostro el dolor de pupilas.

Encerrada en su forma,
ya no proyecta el filo sensible de sus dedos
tumbándome alegrías,
en la armonía perfecta de mi canción erguida.
Ya no me parte el tiempo...

Duerme su noche triste
desde que tú te anclaste en la luz de mis rimas.
Recuerdo que las horas se rodaban en blanco
sobre mi pena viva,
cuando corría tu sombra por entre extrañas sombras,
adueñado de risas.

Mi emoción esperaba....
Pero tuve momentos de locura suicida.
Un agitado viento de esperanza
parece que me anuncia tu regreso.
Entre el fuego de Luna que me invade
alejando crepúsculos te siento.
Estás aquí. Conmigo.
Por mi sueño.

¡A dormir se van ahora mis lágrimas
por donde tú cruzaste entre mi verso!

Canción hacia adentro

¡No me recuerdes! ¡Siénteme!
Hay un sólo trino entre tu amor y mi alma.

Mis dos ojos navegan
el mismo azul sin fin donde tú danzas.

Tu arcoiris de sueños en mí tiene
siempre pradera abierta entre montañas.

Una vez se perdieron mis sollozos,
y los hallé, abrigados, en tus lágrimas.

¡No me recuerdes! ¡Siénteme!
Un ruiseñor nos tiene en su garganta.

Los ríos que me traje de mis riscos,
desembocan tan sólo por tus playas.

Hay confusión de vuelos en el aire...
¡El viento que nos lleva en sus sandalias!

¡No me recuerdes! ¡Siénteme!
Mientras menos me pienses, más me amas.

Canción desnuda

Despierta de caricias,
aún siento por mi cuerpo corriéndome tu abrazo.
Estremecida y tenue sigo andando en tu imagen.
¡Fue tan hondo de instintos mi sencillo reclamo!

De mi se huyeron horas de voluntad robusta,
y humilde de razones, mi sensación dejaron.
Yo no supe de edades ni reflexiones yertas.
¡Yo fui la Vida, amado!
La vida que pasaba por el canto del ave
y la arteria del árbol.

Otras notas más suaves pude haber descorrido,
pero mi anhelo fértil no conocía de atajos:
me agarré a la hora loca,
y mis hojas silvestres sobre ti se doblaron.

Me solté a la pureza de un amor sin ropajes
que cargaba mi vida de lo irreal a lo humano,
y hube de verme toda en un grito de lágrimas,
¡en recuerdo de pájaros!

Yo no supe guardarme de invencibles corrientes
¡Yo fui la Vida, amado!
La vida que en ti mismo descarriaba su rumbo
para darse a mis brazos.

Dame tu hora pérdida

De tu existencia múltiple dame la hora perdida...
cuando vacío de todo, no sientas ni la vida.

Cuando te encuentres solo, tan lejos de ti mismo
que te pese la mera conciencia del mutismo.

Cuando sientas tan fuerte desprecio por lo humano
que hasta de ti te rías, cual de cualquier gusano.

Cuando estés tan distante del farsante murmullo
que deshagas la fórmula de tu arrogante orgullo.

Entonces, ya vacío de todo, con tu nada
acércate a mi senda y espera mi llegada.

Yo te daré la nota más cierta de mi vida.
Tú me darás la nada de tu hora perdida.

Yo te daré inquietudes, sentidas emociones
que turben tu vacío y broten en canciones.

Tú me darás la nada de la inmortal mentira
de eternizar las cosas en su inmortal mentira.

Yo te daré verdades de todo lo tangible
para pesar la nada de tu vida insensible.

Y así, tú te darás en mí como si fuera
mi vida un aletazo de la ida primavera.

Que nunca ha sido, y siempre se extiende en nuestras
almas..
como verdad de nada, igual que las no almas.

Y yo me daré en ti como futuro incierto.
de tiempos que no han sido, y canción que no ha muerto.

Y alzaremos en ritmo vibrante y alocado.
la sublime mentira de habernos encontrado.

Yo, en la nada insensible de tu hora perdida.
y tú en la también nada de mi frívola vida.

Es un lamento

Es un lamento.
Es un grito sin lágrimas.
Desde adentro
desde el fondo de todo lo inevitable.
Desde el sollozo en espiral de espaldas.
Desde la rama trágica de un silencio perfecto.
Desde el azul caído en los pies de la noche.
Desde la tempestad de un sueño solitario.
Desde ti
y desde mí
grita un lamento
sin lágrimas
[ilegible].

Íntima

Se recogió la vida para verme pasar.
Me fui perdiendo átomo por átomo de mi carne
y fui resbalándome poco a poco al alma.

Peregrina en mí misma, me anduve un largo instante.
Me prolongué en el rumbo de aquel camino errante
que se abría en mi interior,
y me llegué hasta mí, íntima.

Conmigo cabalgando seguí por la sombra del tiempo
y me hice paisaje lejos de mi visión.

Me conocí mensaje lejos de la palabra.
Me sentí vida al reverso de una superficie de colores y
formas.
Y me vi claridad ahuyentando la sombra vaciada en la
tierra
desde el hombre.

* * * *

Ha sonado un reloj la hora escogida de todos.
¿La hora? Cualquiera. Todas en una misma.
Las cosas circundantes reconquistan color y forma.
Los hombres se mueven ajenos a sí mismos
para agarrar ese minuto índice
que los conduce por varias direcciones estáticas.

Siempre la misma carne apretándose muda a lo ya hecho.
Me busco. Estoy aún en el paisaje lejos de mi visión.
Sigo siendo mensaje lejos de la palabra.

La forma que se aleja y que fue mía un instante
me ha dejado íntima.
Y me veo claridad ahuyentando la sombravaciada en la
tierra
desde el hombre.

¡Oh mar no esperes más!

Tengo caído el sueño
y la voz suspendida de mariposas muertas.
El corazón me sube amontonado y solo
a derrotar auroras en mis párpados.

Perdida va mi risa
por la ciudad del viento más triste y devastada.
Mi sed camina en ríos agotados y turbios,
rota y despedazándose.

Amapolas de luz,
mis manos fueron fértiles tentaciones
de incendio.
Hoy, cenizas me tumban para el nido distante.

¡Oh mar, no esperes más!
Casi voy por la vida como gruta de escombros.
Ya ni el mismo silencio se detiene en mi nombre.
Inútilmente estiro mi camino sin luces.
Como muertos sin sitio se sublevan mis voces.

¡Oh mar, no esperes más!
Déjame amar tus brazos con la misma agonía
con que un día nací.
Dame tu pecho azul,
y seremos por siempre el corazón del llanto...

Poema con la tonada última

¿Que adónde voy con esas caras tristes
y un borbotón de venas heridas en mi frente?

Voy a despedir rosas al mar,
a deshacerme en olas más altas que los pájaros,
a quitarme caminos que ya andaban en mi corazón como
raíces...

Voy a perder estrellas,
y rocíos,
y riachuelitos breves donde amé la agonía que arruinó
mis montañas
y un rumor de palomas
especial,
y palabras...

Voy a quedarme sola,
sin canciones, ni piel,
como un túnel por dentro, donde el mismo silencio
se enloquece y se mata.

Coloquio sideral

¡Te adoré tanto anoche!
—Me adoraste en ausencia.
—¡Te besé tanto anoche!
—Me besaste en ausencia.
—¡Te miré tanto anoche!
—Me miraste en ausencia.
—¡Te adoré
sin pensarte en la forma.
Te besé
sin sentirme en tu rostro.
Te miré
sin mirada y sin Sol
—¿Y eso es posible, amada?
—Pregúntalo a la nube
que cruzó por mi sueño y se posó en tu alma.
—¿Que se posó en mi alma?
—Cargada por la brisa, con la última nota
de mi vida en canción.
—Y la brisa ¿qué hizo
al sentirte en sus prados?
—Con los ojos turbados
presenció mi invasión...
—¿Y no quiso besarte?
—Sus labios no alcanzaron
mi corazón en flor.
Hubo de ver mi rostro
en sonrisa de agua,
contigo en la emoción.
—¿Y así llegaste, amada?
—Así miré tu alma,
te besé en la sonrisa,

y adoré tu ilusión...

Voces para una nota sin paz

(Para Julia de Burgos
 Por Julia de Burgos)

Será presente en to tu manantial sin sombras.
Estarás en las ramas del universo entero.
Déjame que te cante como cuando eras mía
en la llovizna fresca del primer aguacero.

Tu mano en semi-Luna, en semi-Sol y en todo
se refugiaba núbil, sobre la mano mía.
Porque yo te cuidaba, hermanita silvestre
y sabes que lloraba en tus claras mejillas.

Será presente en ti tu manantial sin sombras.
Estarás en las ramas del universo entero.
Pero ¿dónde dejaste tu paz? —En cada herida—
me contestan tus ojos anegados por dentro.

Déjame que te cante como cuando eras mía,
hermanita silvestre, como cuando trepamos
el astro que salía a dormir soledades
entre nuestras pupilas destiladas de amor.

Déjame que te cante como cuando eras mía,
y era paz el silencio de mi profunda ola,
y era paz la distancia de tu
nombre y mi nombre
y era paz el sollozo de la muerte que espera.

Será presente en ti tu manantial sin sombras.
Estarás en las ramas del universo mío

y todas las estrellas se bajarán cantando
la canción del espacio refugiada en un río.

Poema de la cita eterna

Lo saben nuestras almas,
más allá de las islas y más allá del Sol.
El trópico, en sandalias de luz, presto las alas,
y tu sueño y mi sueño se encendieron.

Se hizo la cita al mar... tonada de mis islas,
y hubo duelo de lirios estirando colinas,
y hubo llanto de arroyos enloqueciendo brisas,
y hubo furia de estrellas desabriéndose heridas...
Tú, y mi voz de los riscos, combatían mi vida.

Se hizo al mar tu victoria, sobre palmas vencidas...

Fue paisaje en lo inmenso,
una imagen de mar casi riachuelo,
de río regresando,
de vida, de tan honda, atomizándose.
Y se dio cita eterna la emoción.

El mar, el verdadero mar,
casi ya mío... el mar, el mar extraño
en su propio recinto...
el mar
ya quiere ser el mar sobremarino...

El mar, tonada entretenida de mis islas,
por traerse una flor de la montaña,
se trajo mi canción en un descuido,
mi canción más sencilla,
la canción de mis sueños extendidos.

Sobre el mar, sobre el tiempo,
la tonada, la vela...
La cita eterna, amado,
más allá de los rostros de las islas que sueñan.

En el pecho del viento van diciendo los lirios,
que en el pecho del mar dos auroras se besan.

Poema de la íntima agonía

Este corazón mío, tan abierto y tan simple,
es ya casi una fuente debajo de mi llanto.

Es un dolor sentado más allá de la muerte.
Un dolor esperando... esperando... esperando...

Todas las horas pasan con la muerte en los hombros.
Yo sola sigo quieta con mi sombra en los brazos.

No me cesa en los ojos de golpear el crepúsculo,
ni me tumba la vida como un árbol cansado.

Este corazón mío, que ni él mismo se oye,
que ni él mismo se siente de tan mudo y tan largo.

¡Cuántas veces lo he visto por las sendas inútiles
recogiendo espejismos, como un lago estrellado!

Es un dolor sentado más allá de la muerte,
dolor hecho de espigas y sueños desbandados.

Creyéndome gaviota, verme partido el vuelo,
dándome a las estrellas, encontrarme en los charcos.

¡Yo que siempre creí desnudarme la angustia
con solo echar mi alma a girar con los astros!

¡Oh mi dolor, sentado más allá de la muerte!
¡Este corazón mío, tan abierto y tan largo!

Poema del hijo no nacido

Como naciste para la claridad
te fuiste no nacido.

Te perdiste sereno,
antes de mí,
y cubriste de siglos
la agonía de no verte.

No quisiste la orilla de la angustia
ni el por qué de unas horas que pasan lentamente
en la vida,
sin dejar un sollozo,
ni un recuerdo,
ni nada.

No quisiste la aurora.
No quisiste la muerte.
Rechazaste el olvido,
y en la flauta del aire avanzaste perpetuo.

No quisiste el amor en féretro de las olas
ni quisiste el silencio que deja el túnel breve
donde ha dormido el hombre.

Tuyo, inmensamente tuyo,
como naciste para la claridad
te fuiste no nacido,
nardo entre dos pupilas que no supieron nunca
separar el eco de la sombra.
Manantial sin rocíos lastimeros,
pie fértil caminando para siempre en la tierra.

Poema para las lágrimas

Como cuando se abrieron por tus sueños mis párpados,
rota y cansadamente, acoge mi partida.

Como si me tuvieras nadando entre tus brazos,
donde las aguas corren dementes y perdidas.

Igual que cuando amaste mis ensueños inútiles,
apasionadamente, despídeme en la orilla...

Me voy como vinieron a tus vuelos mis pájaros,
callada y mansamente, a reposar heridas.

Ya nada más detiene mis ojos en la nube...
Se alzaron por alzarte, y ¡qué inmensa caída!

Sobre mi pecho saltan cadáveres de estrellas
que por ríos y por montes te robé, enternecida.

Todo fue mi universo unas olas volando,
y mi alma una vela conduciendo tu vida...

Todo fue mar de espumas por mi ingenuo horizonte...
Por tu vida fue todo, una duda escondida.

¡Y saber que mis sueños jamás solos salieron
por los prados azules a pintar margaritas!

¡Y sentir que no tuve otra voz que su espíritu!
¡Y pensar que yo nunca sonreí sin su risa!

¡Nada más! En mis dedos se suicidan las aves,

y mis pasos cansados ya no nacen espigas.

Me voy como vinieron a tu techo mis cielos...
fatal y quedamente, a quedarme dormida...

Como el descanso tibio del más simple crepúsculo,
naturalmente trágico, magistralmente herida.

Adiós. Rézame versos en las noches muy largas..
En mi pecho sin lumbre ya no cabe la vida...

Poema para mi muerte

Ante un anhelo
Morir conmigo misma, abandonada y sola,
en la más densa roca de una isla desierta.
En el instante un ansia suprema de claveles,
y en el paisaje un trágico horizonte de piedra.

Mis ojos todos llenos de sepulcros de astro,
y mi pasión, tendida, agotada, dispersa.
Mis dedos como niños, viendo perder la nube
y mi razón poblada de sábanas inmensas.

Mis pálidos afectos retornando al silencio
—¡hasta el amor, hermano derretido en mi senda!—
Mi nombre destorciéndose, amarillo en las ramas,
y mis manos, crispándose para darme a las yerbas.

Incorporarme el último, el integral minuto,
y ofrecerme a los campos con limpieza de estrella
doblar luego la hoja de mi carne sencilla,
y bajar sin sonrisa, ni testigo a la inercia.

Que nadie me profane la muerte con sollozos,
ni me arropen por siempre con inocente tierra;
que en el libre momento me dejen libremente
disponer de la única libertad del planeta.

¡Con qué fiera alegría comenzarán mis huesos
a buscar ventanitas por la carne morena
y yo, dándome, dándome, feroz y libremente
a la intemperie y sola rompiéndome cadenas!

¿Quién podrá detenerme con ensueños inútiles
cuando mi alma comience a cumplir su tarea,
haciendo de mis sueños un amasijo fértil
para el frágil gusano que tocará a mi puerta?

Cada vez más pequeña mi pequeñez rendida,
cada instante más grande y más simple la entrega,
mi pecho quizás ruede a iniciar un capullo,
acaso irán mis labios a nutrir azucenas.

¿Cómo habré de llamarme cuando solo me quede
recordarme, en la roca de una isla desierta?
Un clavel interpuesto entre el viento y mi sombra,
hijo mío y de la muerte, me llamará poeta.

Siléncíame...

Siléncíame...
Soy flauta de vida maltratada
y quiero ser silencio.

Aquiétame...
Soy ráfaga que todo lo voltea
y quiero ser quietud.

Despiértame...
Soy sueño de náyade ilusoria
y quiero ser verdad.

Siléncíame.
Aquiétame.
Despiértame.
¡Oh, amado!
Y encontrarás en mí
la luz de lo ideal.

Libros a la carta

A la carta es un servicio especializado para
empresas,
librerías,
bibliotecas,
editoriales
y centros de enseñanza;

y permite confeccionar libros que, por su formato y concepción, sirven a los propósitos más específicos de estas instituciones.

Las empresas nos encargan ediciones personalizadas para marketing editorial o para regalos institucionales. Y los interesados solicitan, a título personal, ediciones antiguas, o no disponibles en el mercado; y las acompañan con notas y comentarios críticos.

Las ediciones tienen como apoyo un libro de estilo con todo tipo de referencias sobre los criterios de tratamiento tipográfico aplicados a nuestros libros que puede ser consultado en Linkgua-ediciones.com.

Linkgua edita por encargo diferentes versiones de una misma obra con distintos tratamientos ortotipográficos (actualizaciones de carácter divulgativo de un clásico, o versiones estrictamente fieles a la edición original de referencia).

Este servicio de ediciones a la carta le permitirá, si usted se dedica a la enseñanza, tener una forma de hacer pública su interpretación de un texto y, sobre una versión digitalizada «base», usted podrá introducir interpretaciones del texto fuente. Es un tópico que los profesores denuncien en clase los desmanes de una edición, o vayan comentando errores de interpretación de un texto y esta es una solución útil a esa necesidad del mundo académico.

Asimismo publicamos de manera sistemática, en un mismo catálogo, tesis doctorales y actas de congresos académicos, que son distribuidas a través de nuestra Web.

El servicio de «libros a la carta» funciona de dos formas.

1. Tenemos un fondo de libros digitalizados que usted puede personalizar en tiradas de al menos cinco ejemplares. Estas personalizaciones pueden ser de todo tipo: añadir notas de clase para uso de un Grupo de estudiantes, introducir logos corporativos para uso con fines de marketing empresarial, etc. etc.

2. Buscamos libros descatalogados de otras editoriales y los reeditamos en tiradas cortas a petición de un cliente.

Made in the USA
Las Vegas, NV
16 September 2026

80dec2e6-45af-47de-8060-74d720fef881R01